Enfermé

LABYRINTHE ADULTE

ActivityCrusades

Publié par Speedy Publishing Canada Limited

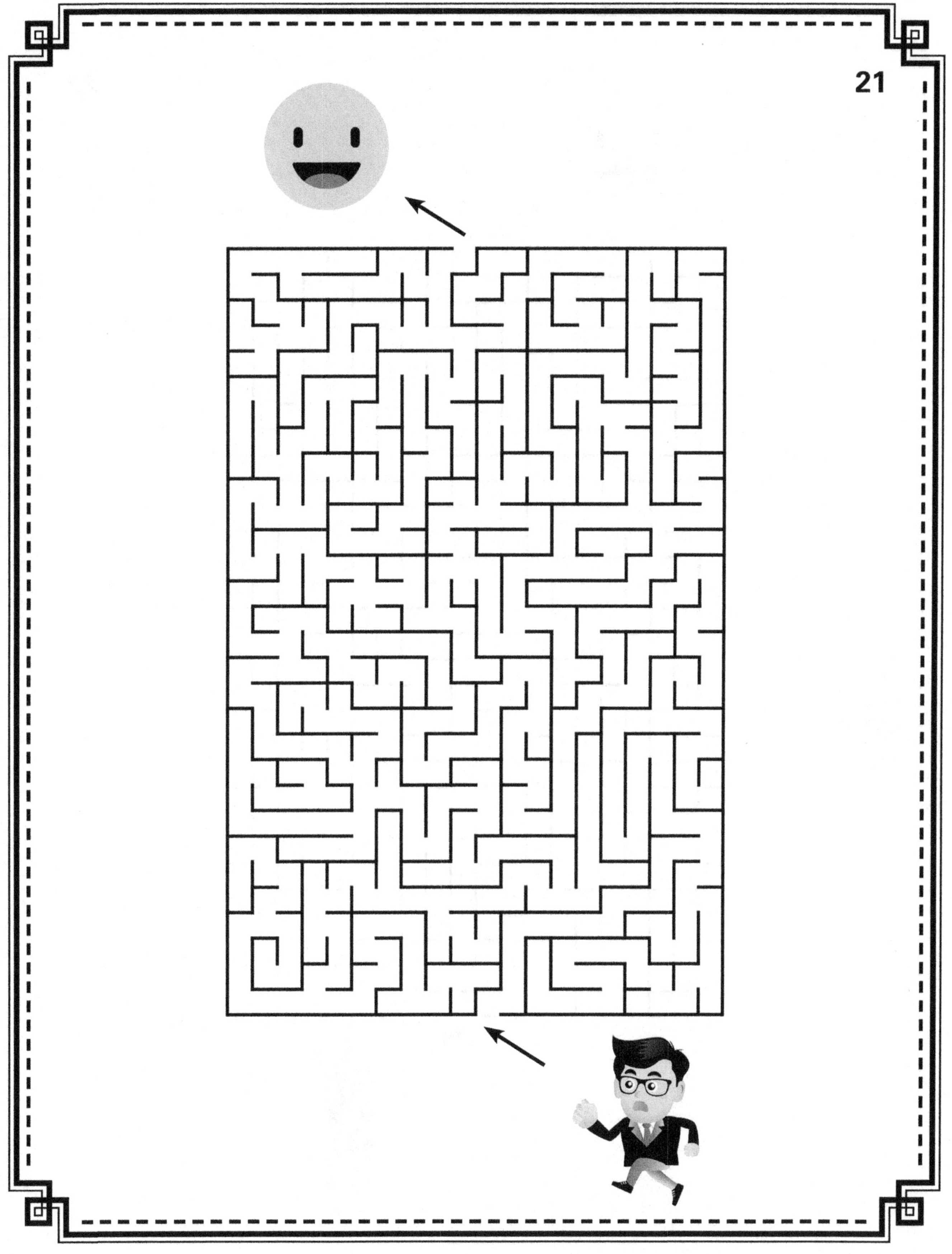

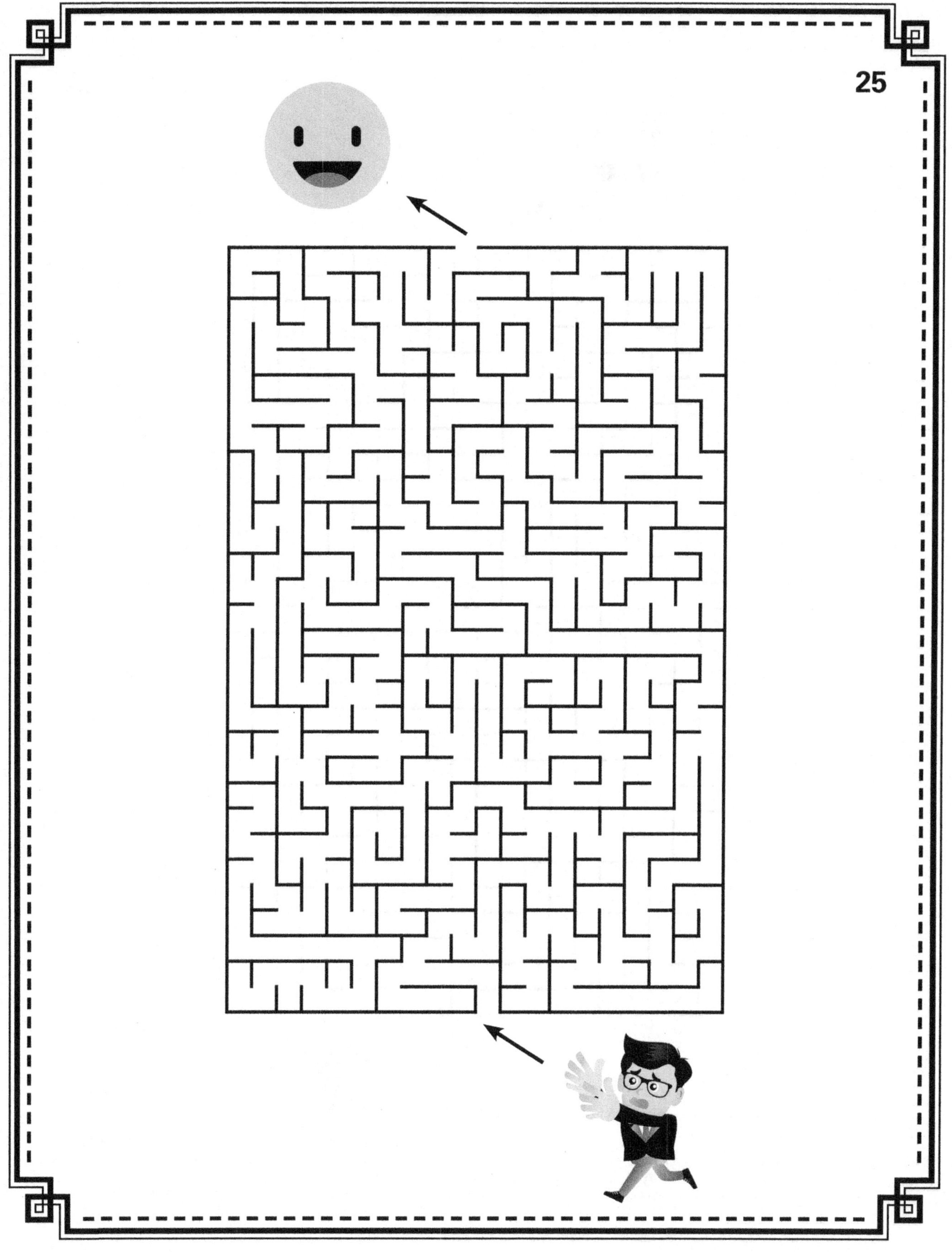

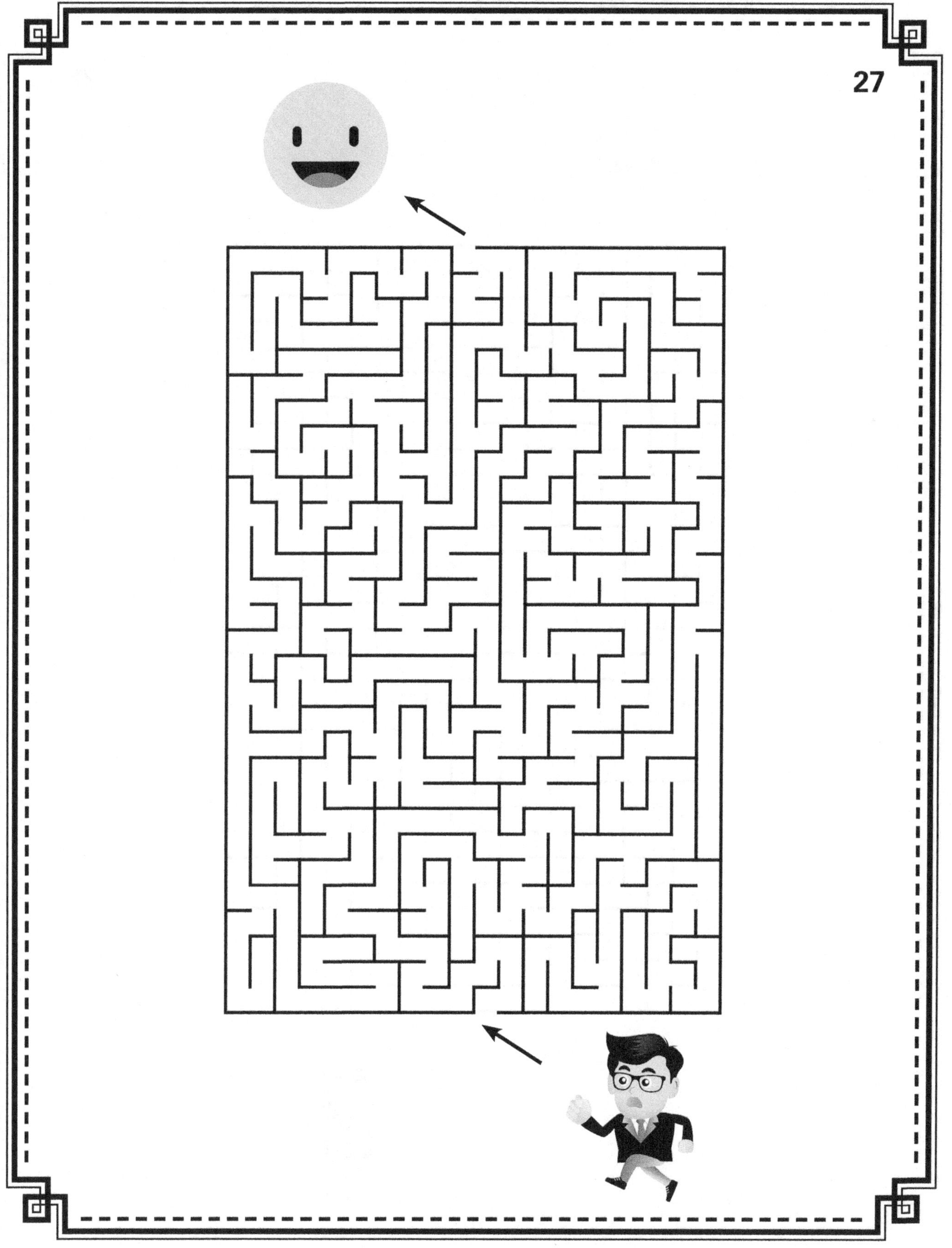

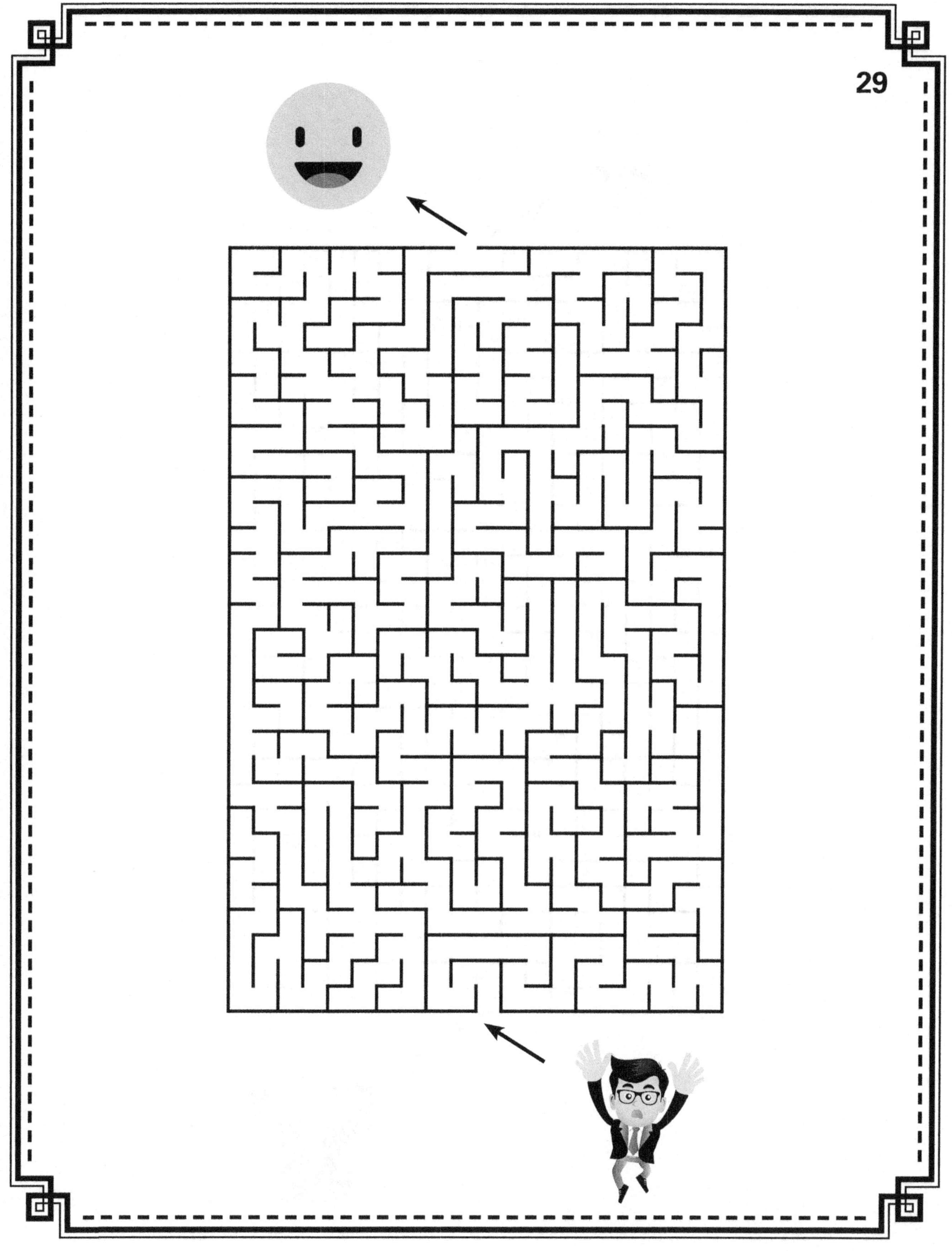

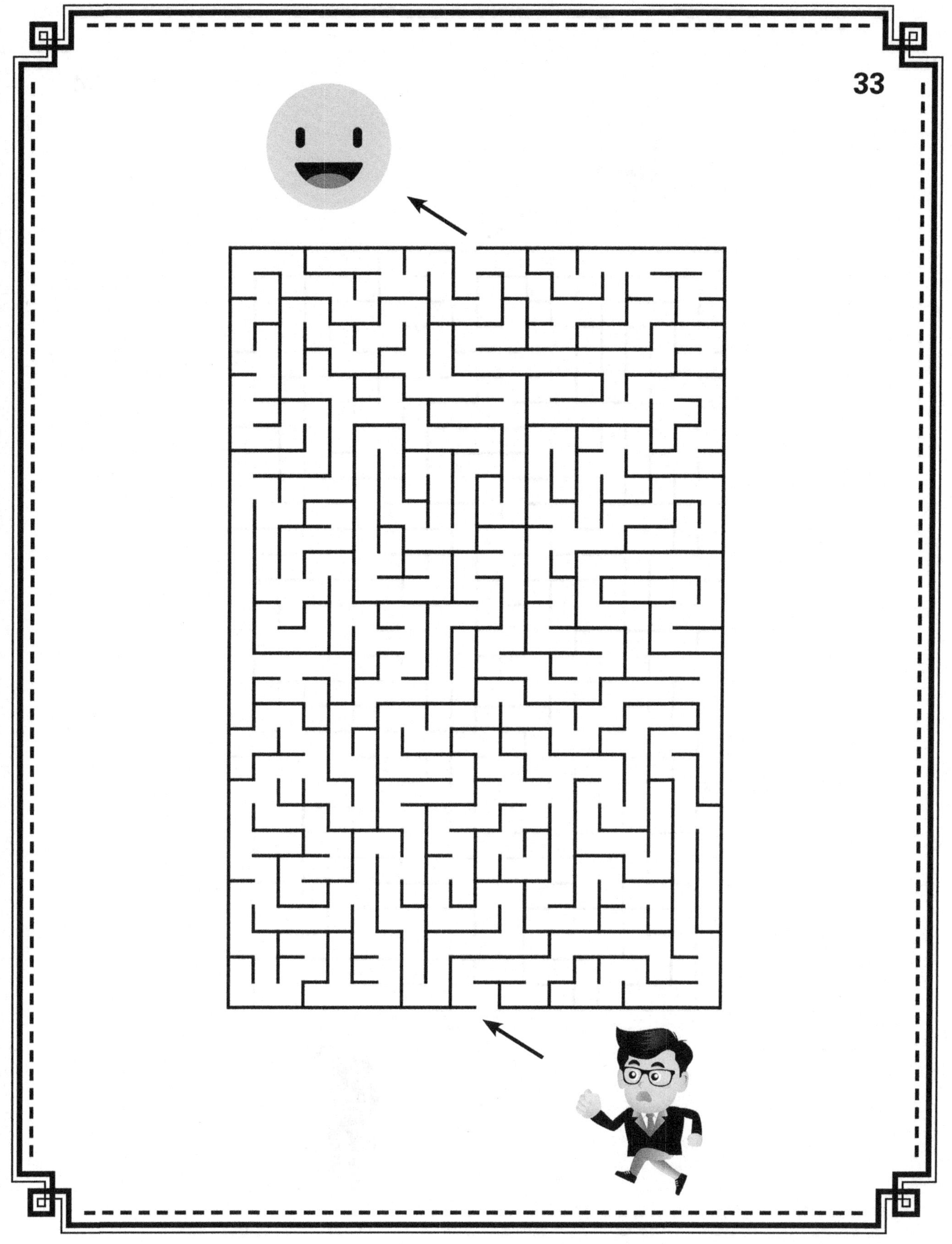

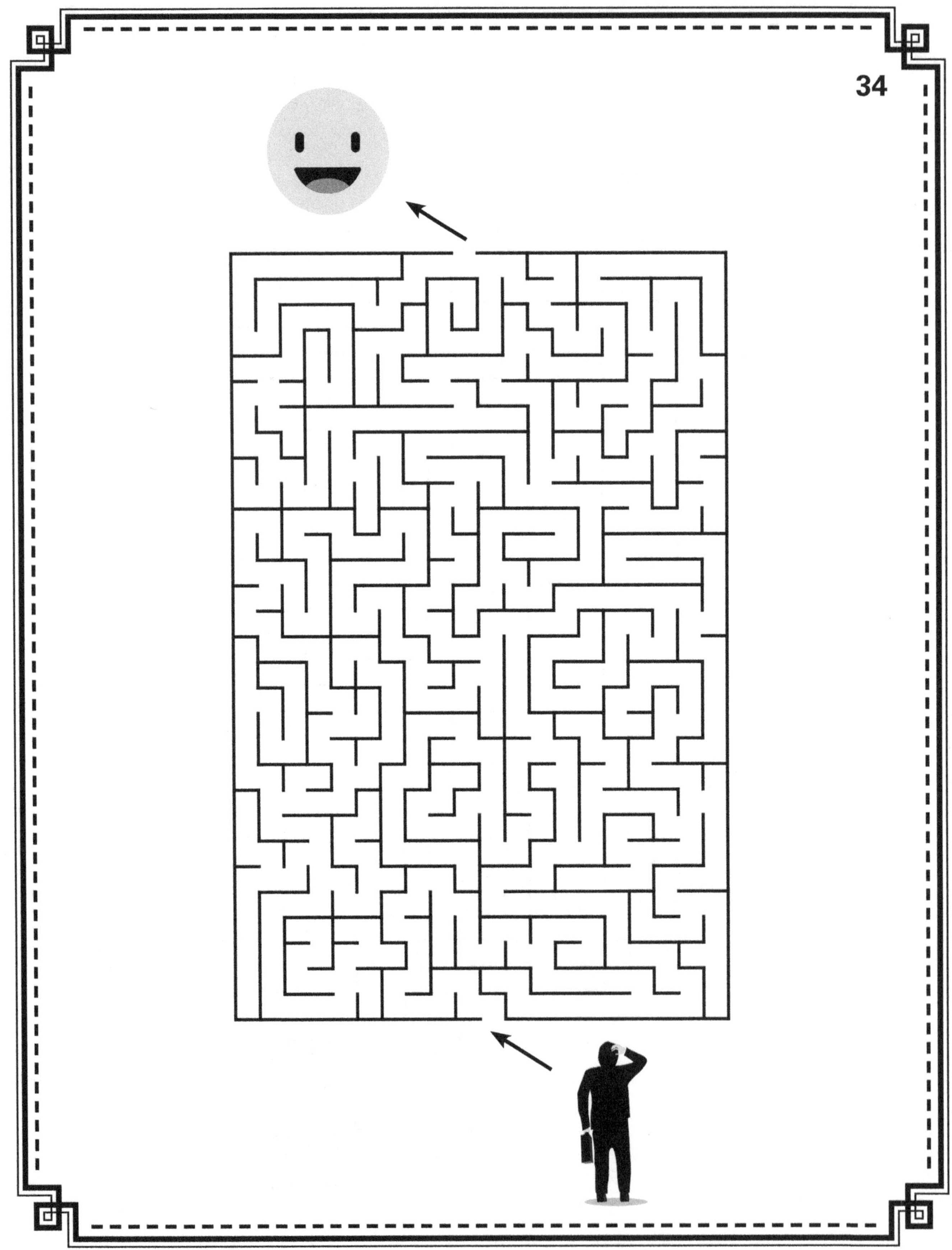

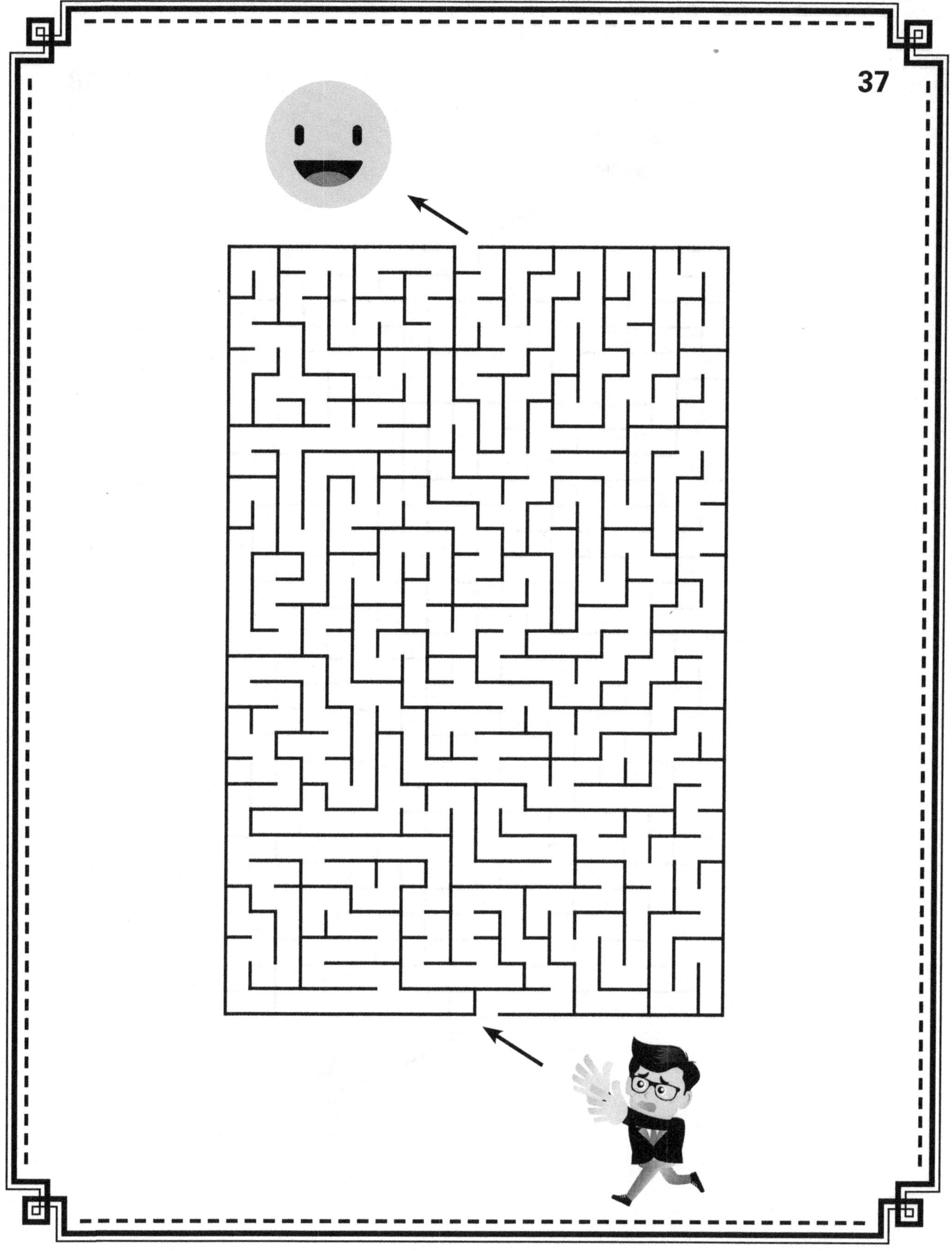

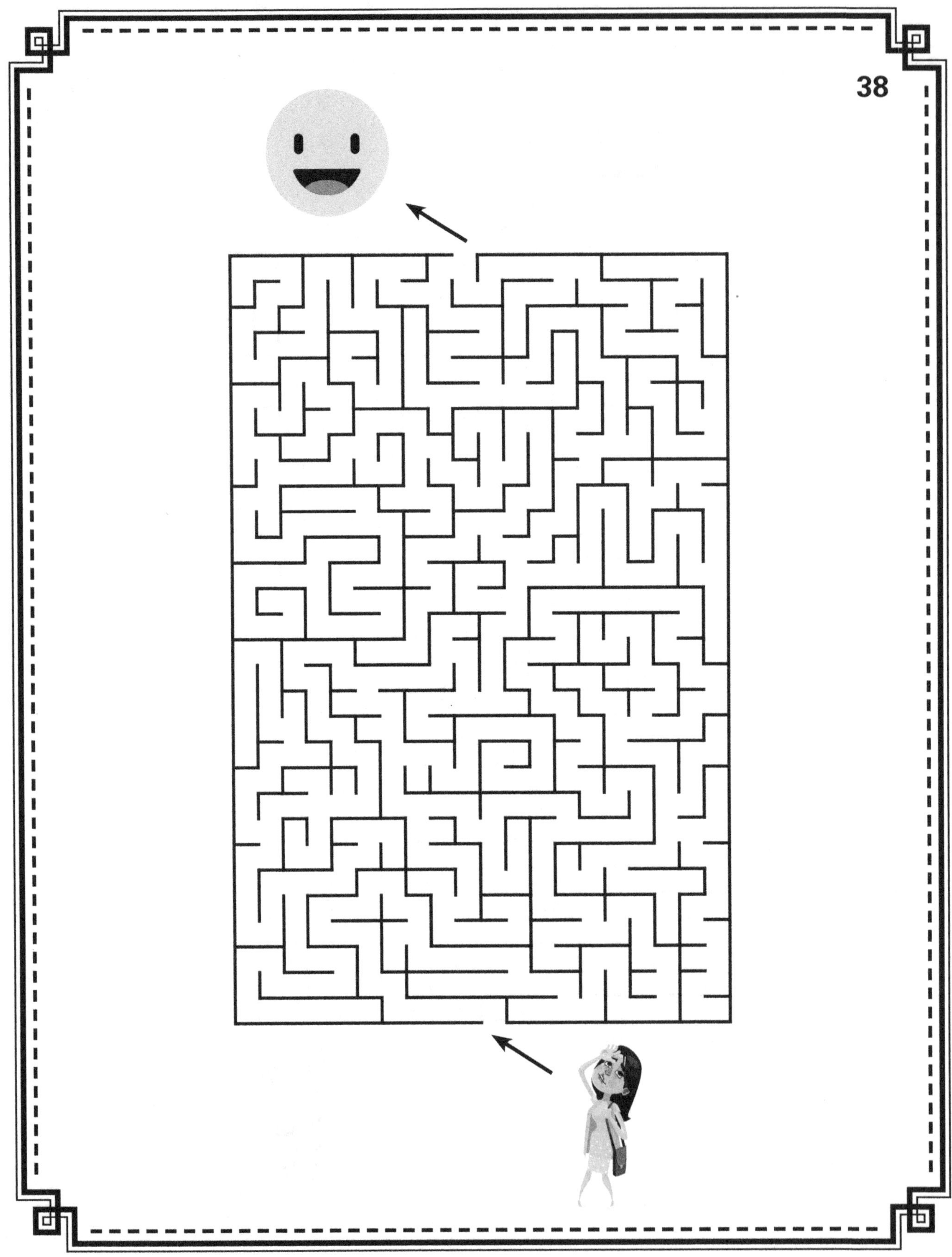

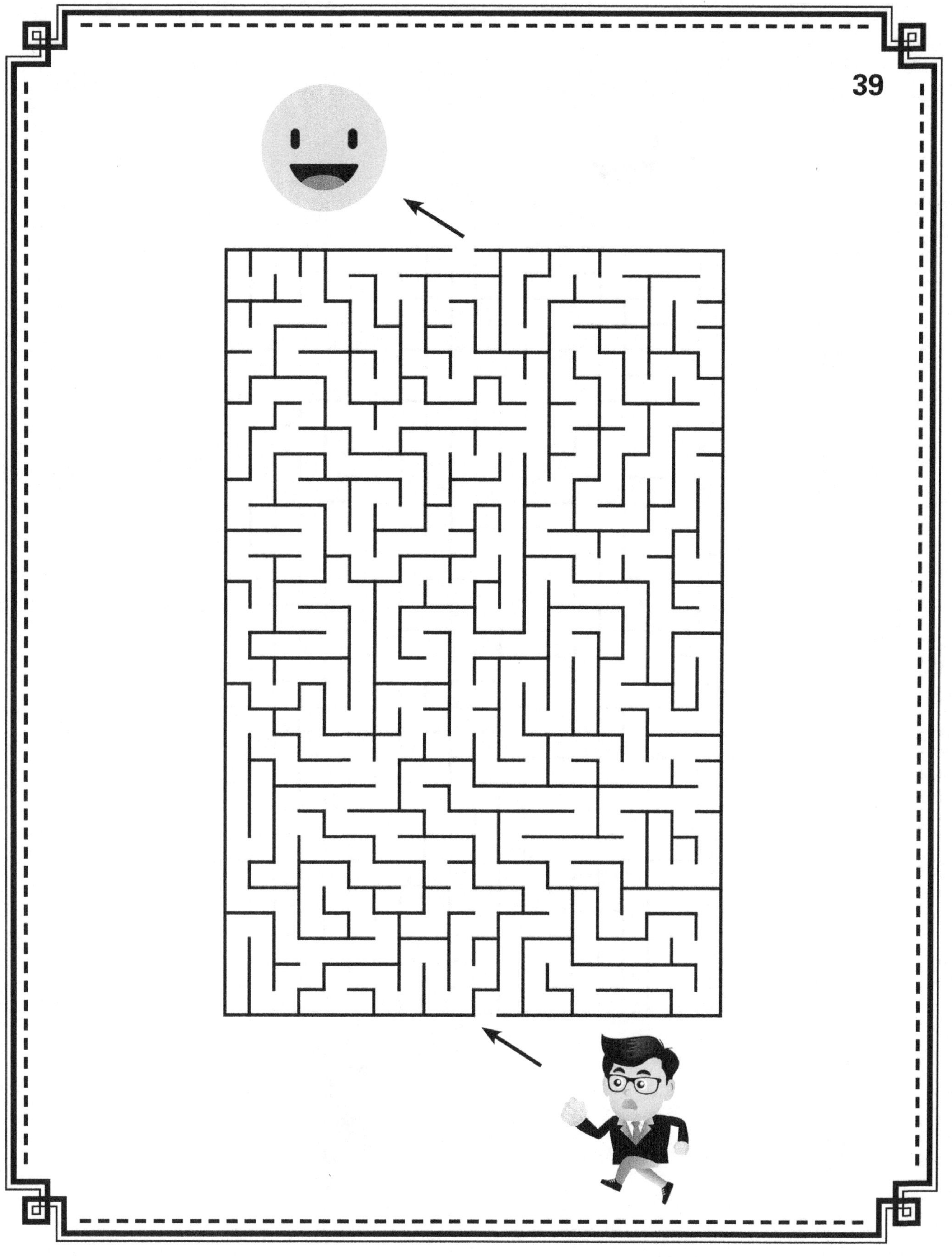

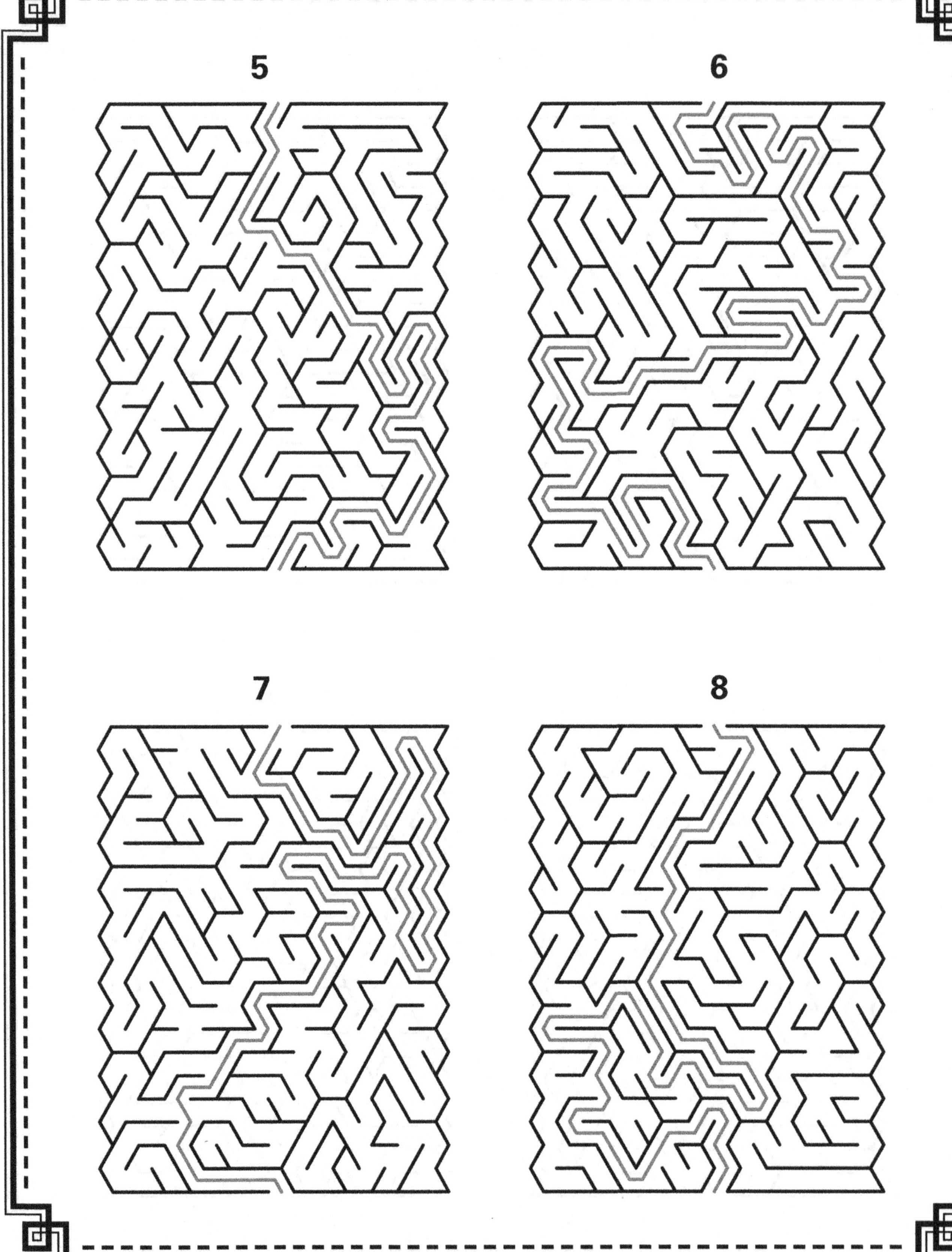

5
6
7
8

9

10

11

12

13
14
15
16

17
18
19
20

21

22

23

24

25

26

27

28

29
30
31
32

33

34

35

36

37

38

39

40

41

42

43

44

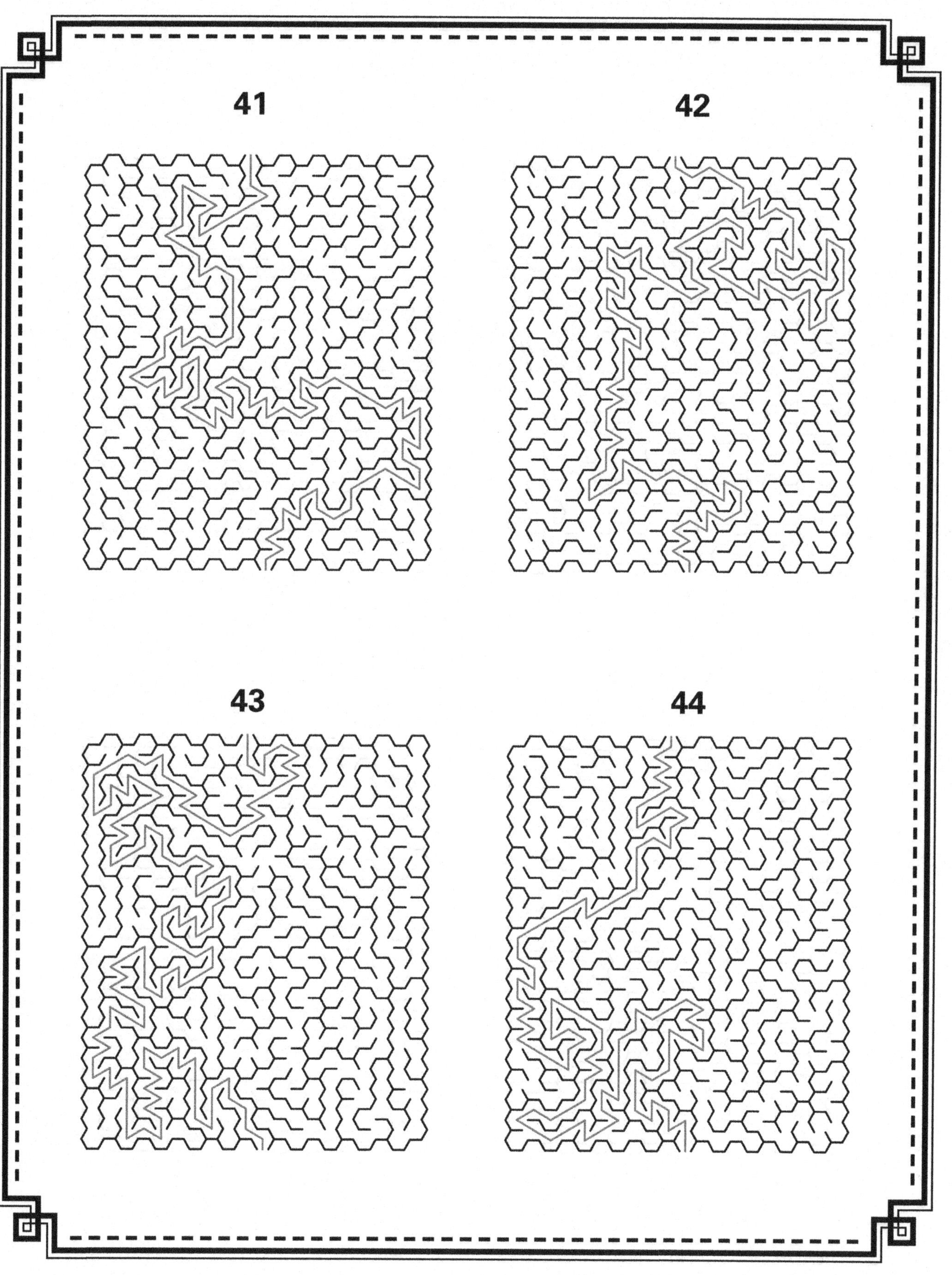

45

46

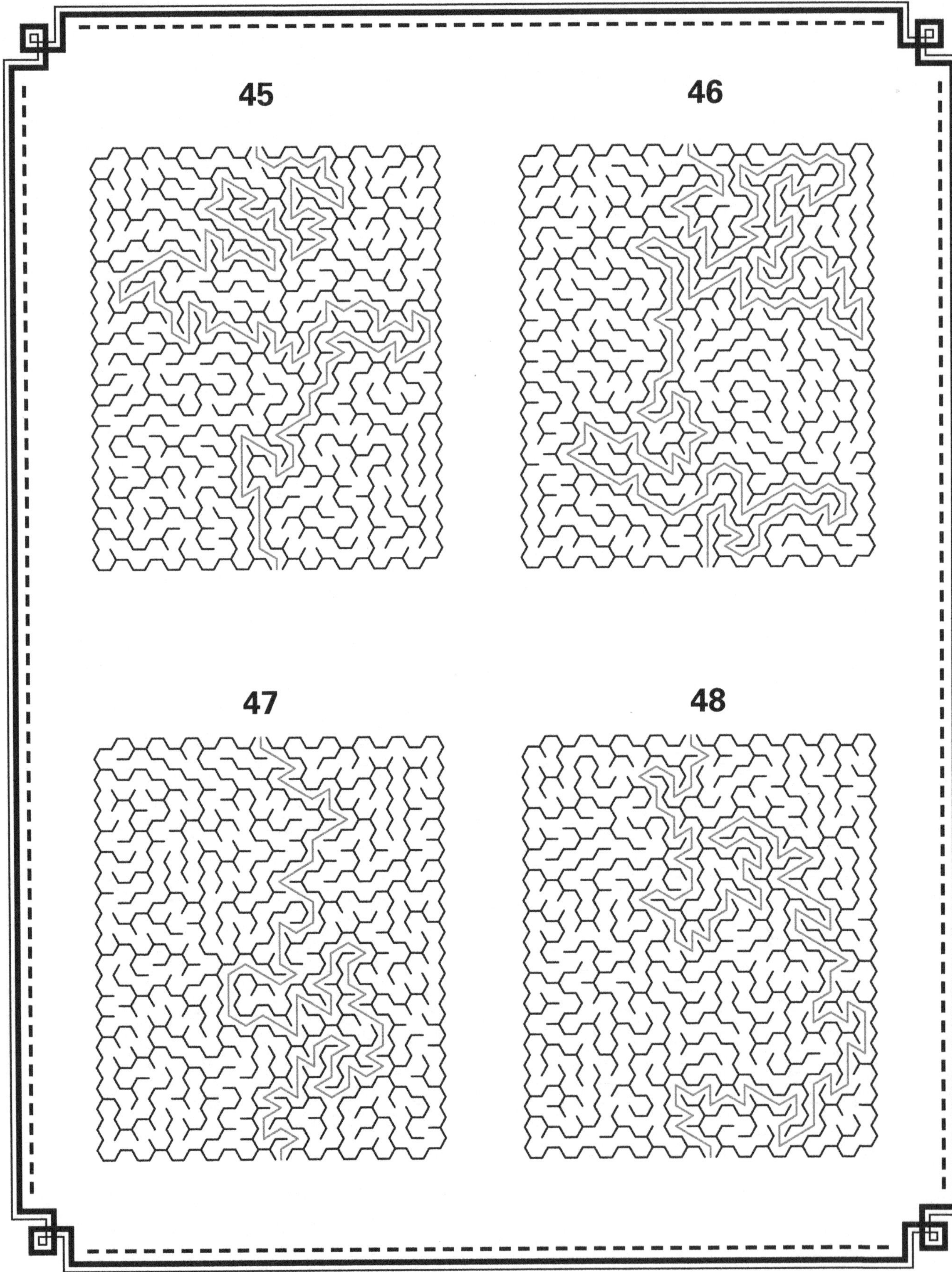

47

48

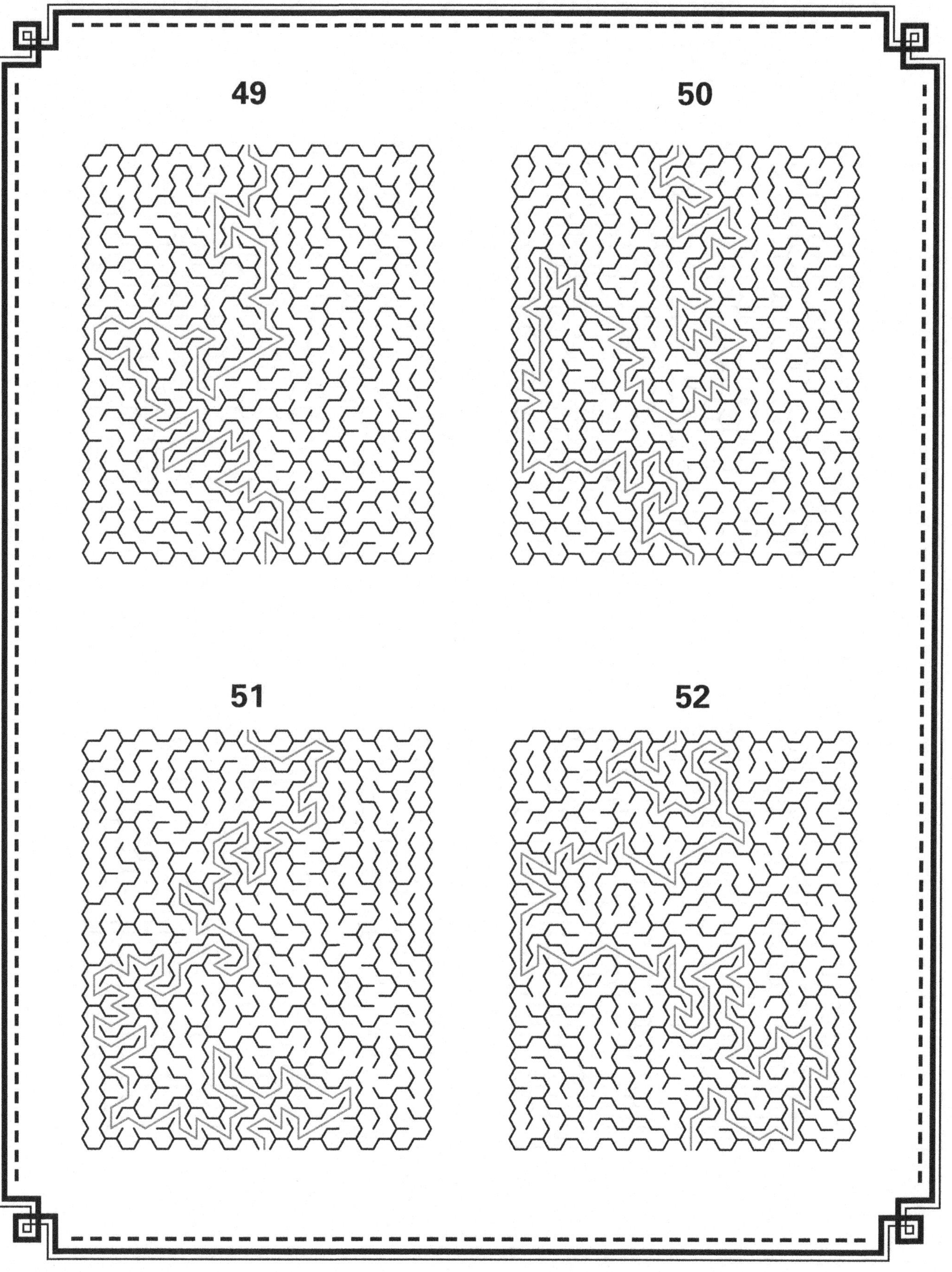

49

50

51

52

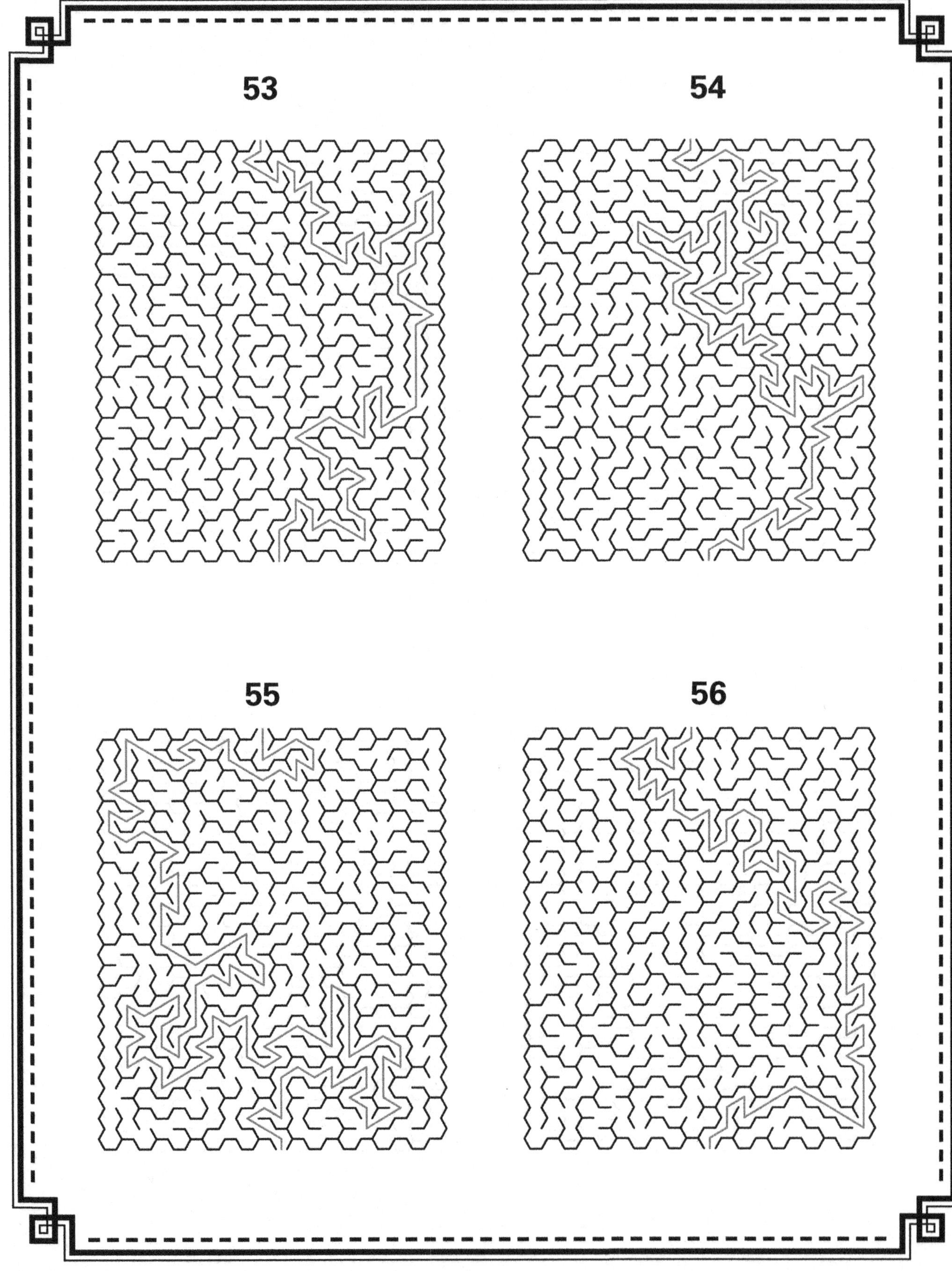
53
54
55
56

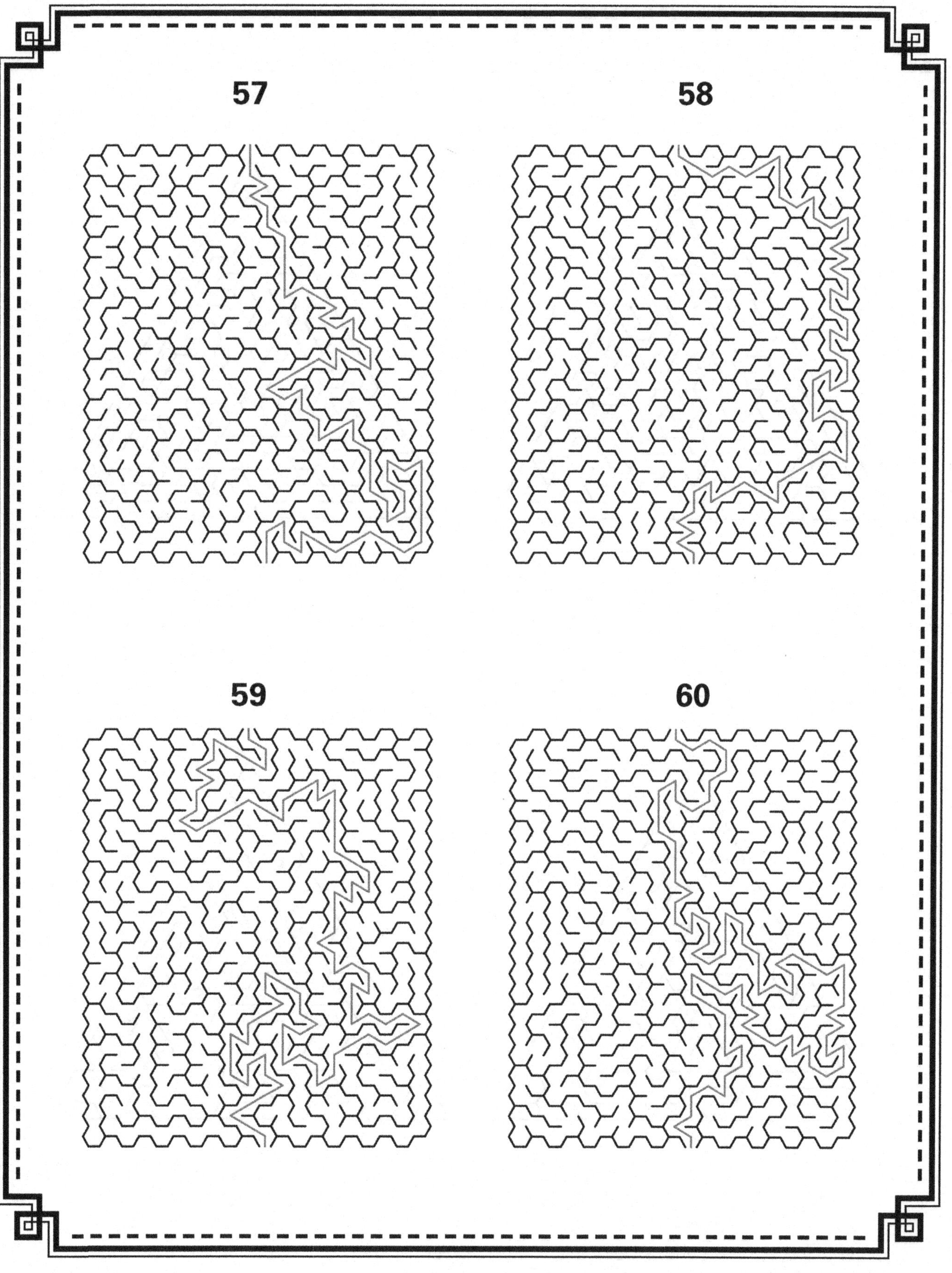

57
58
59
60

61

62

63

64

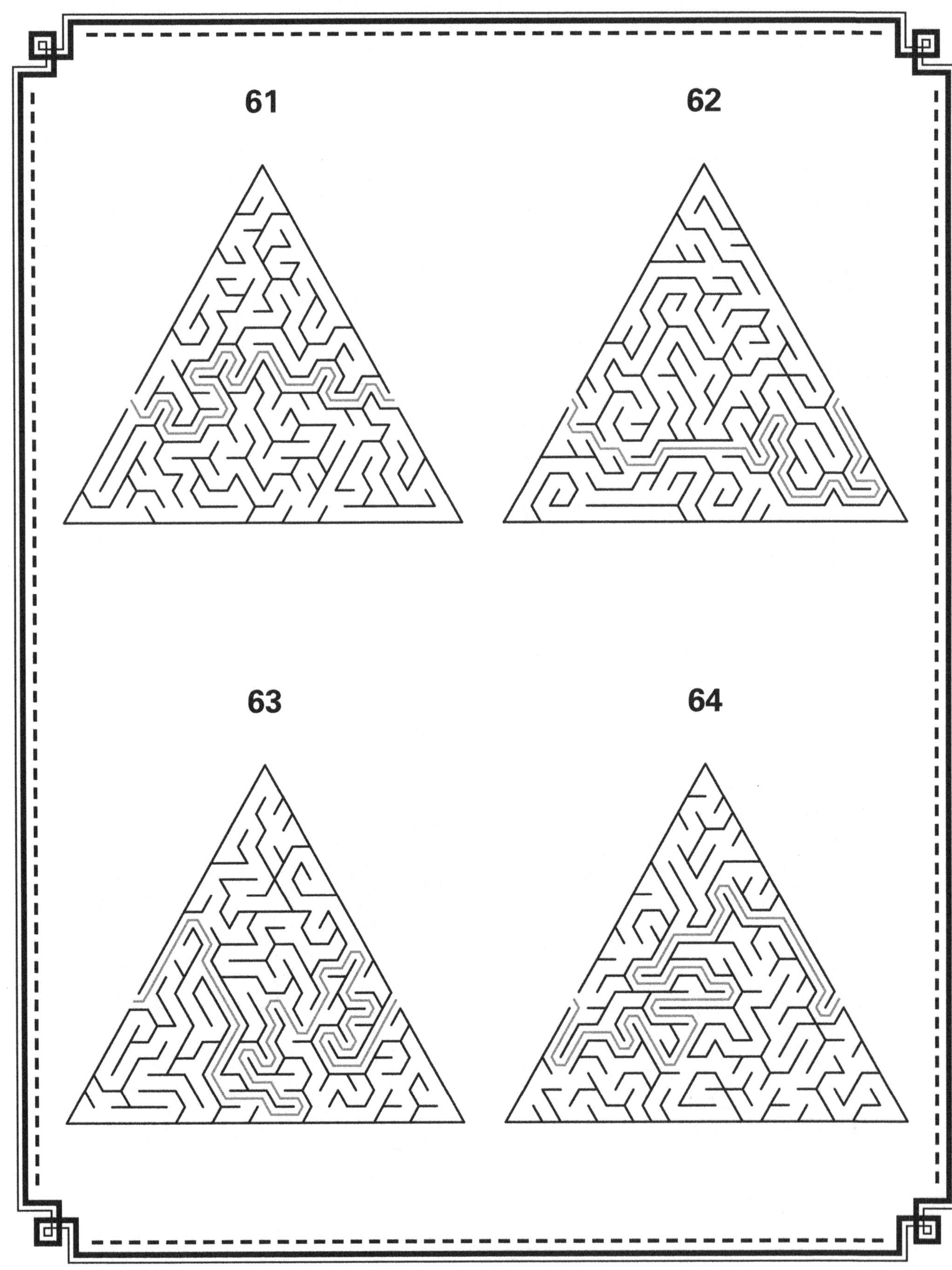

65

66

67

68

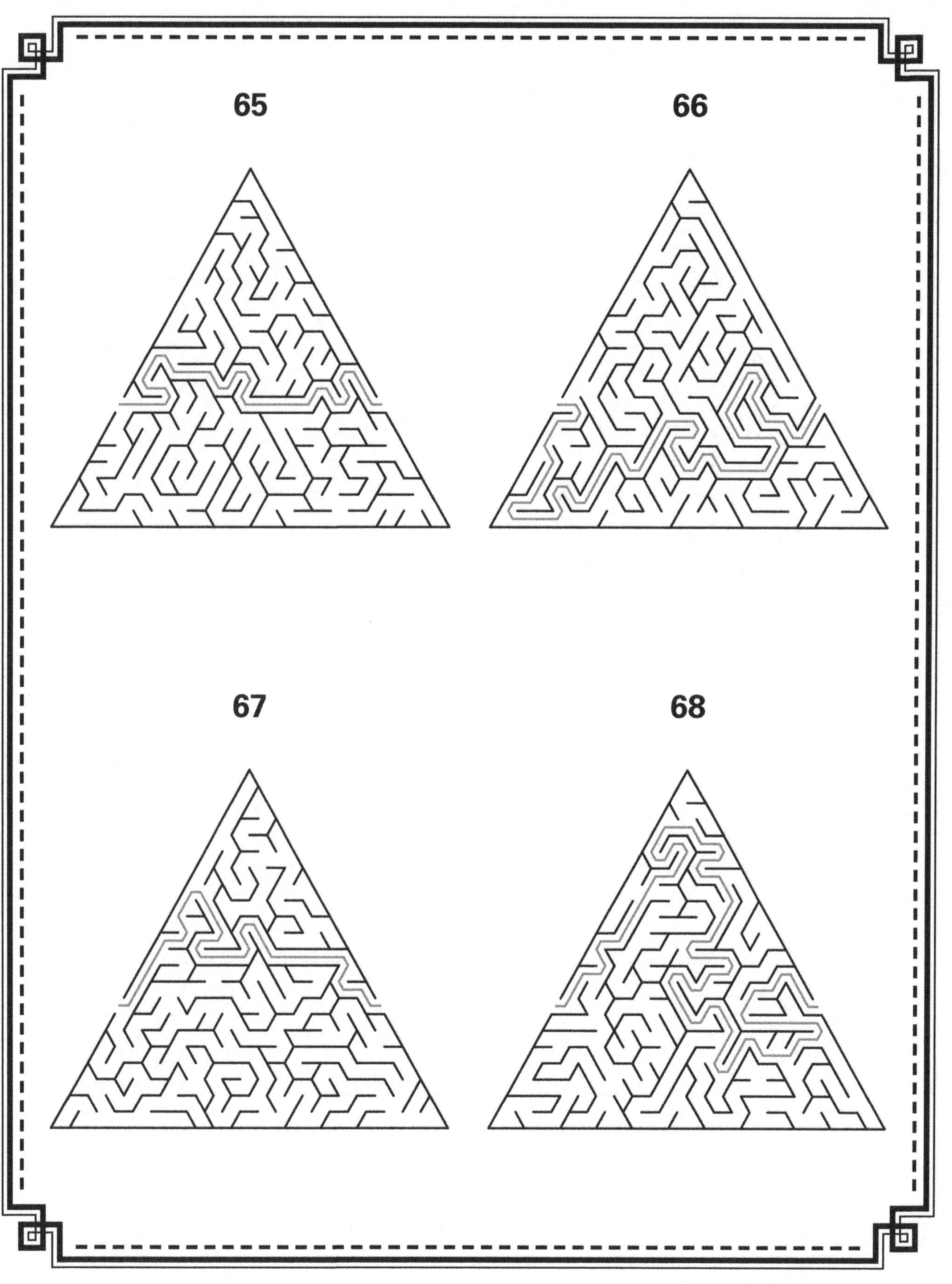

69

70

71

72

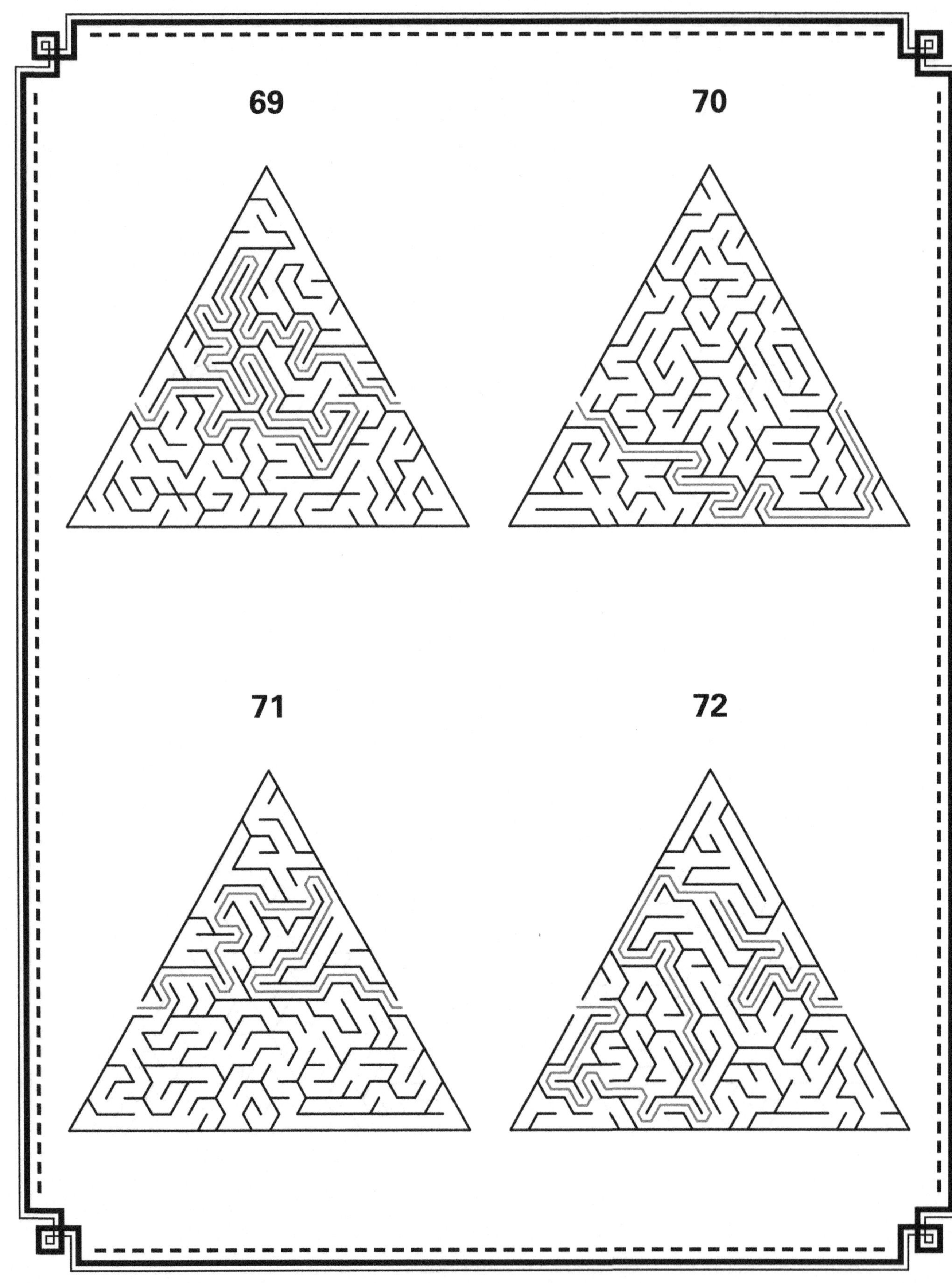

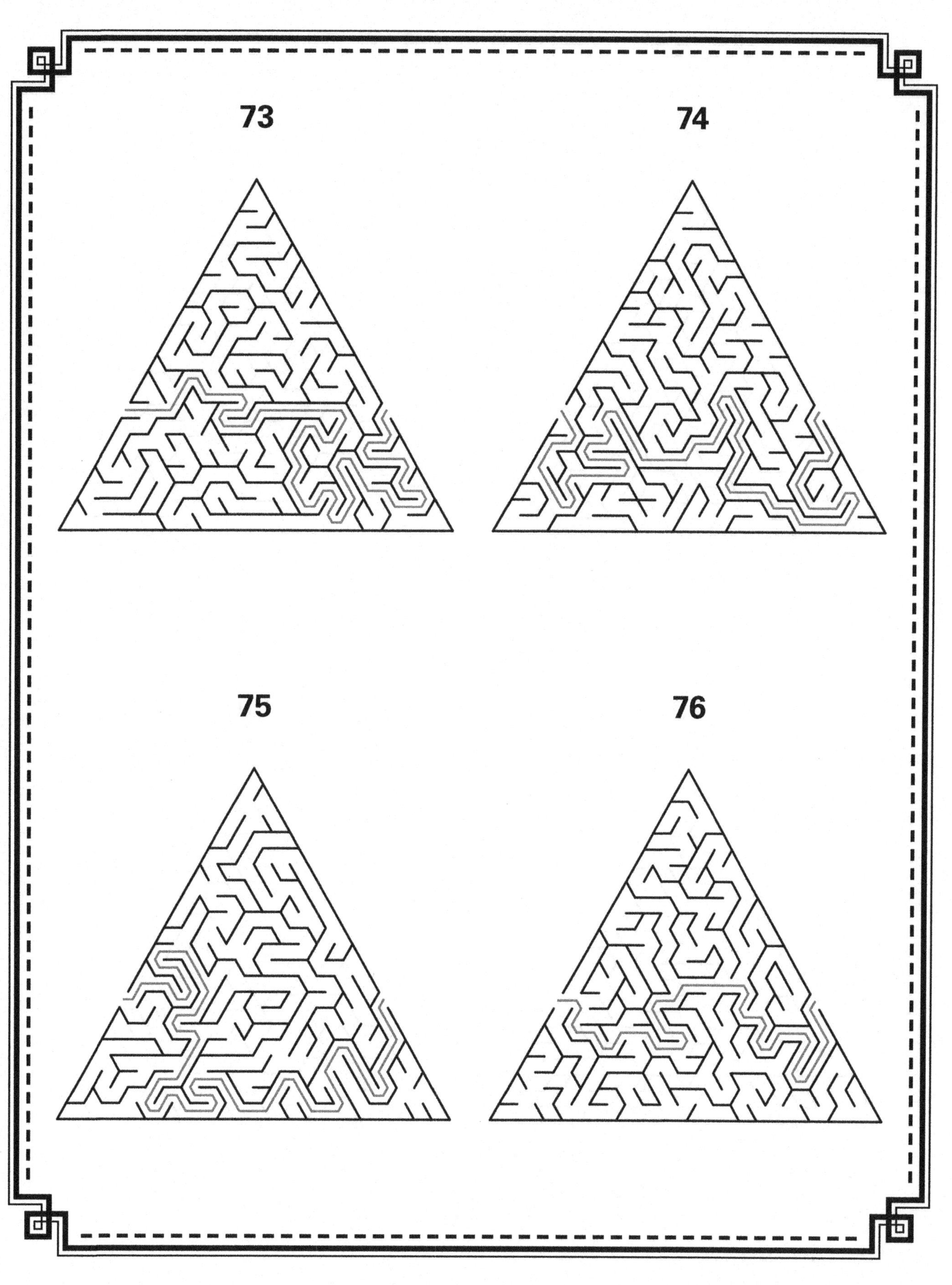
73
74
75
76

77

78

79

80

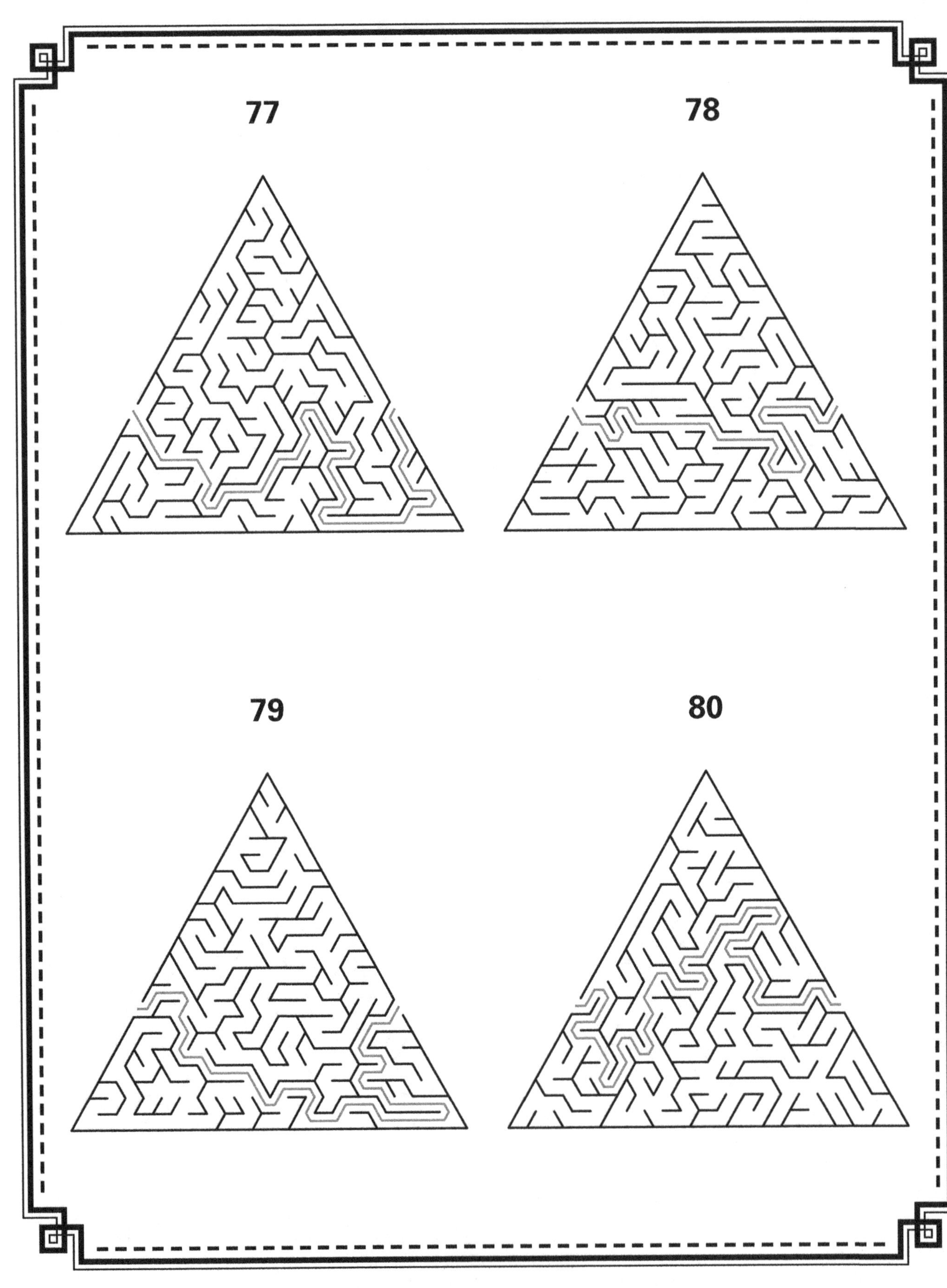

81

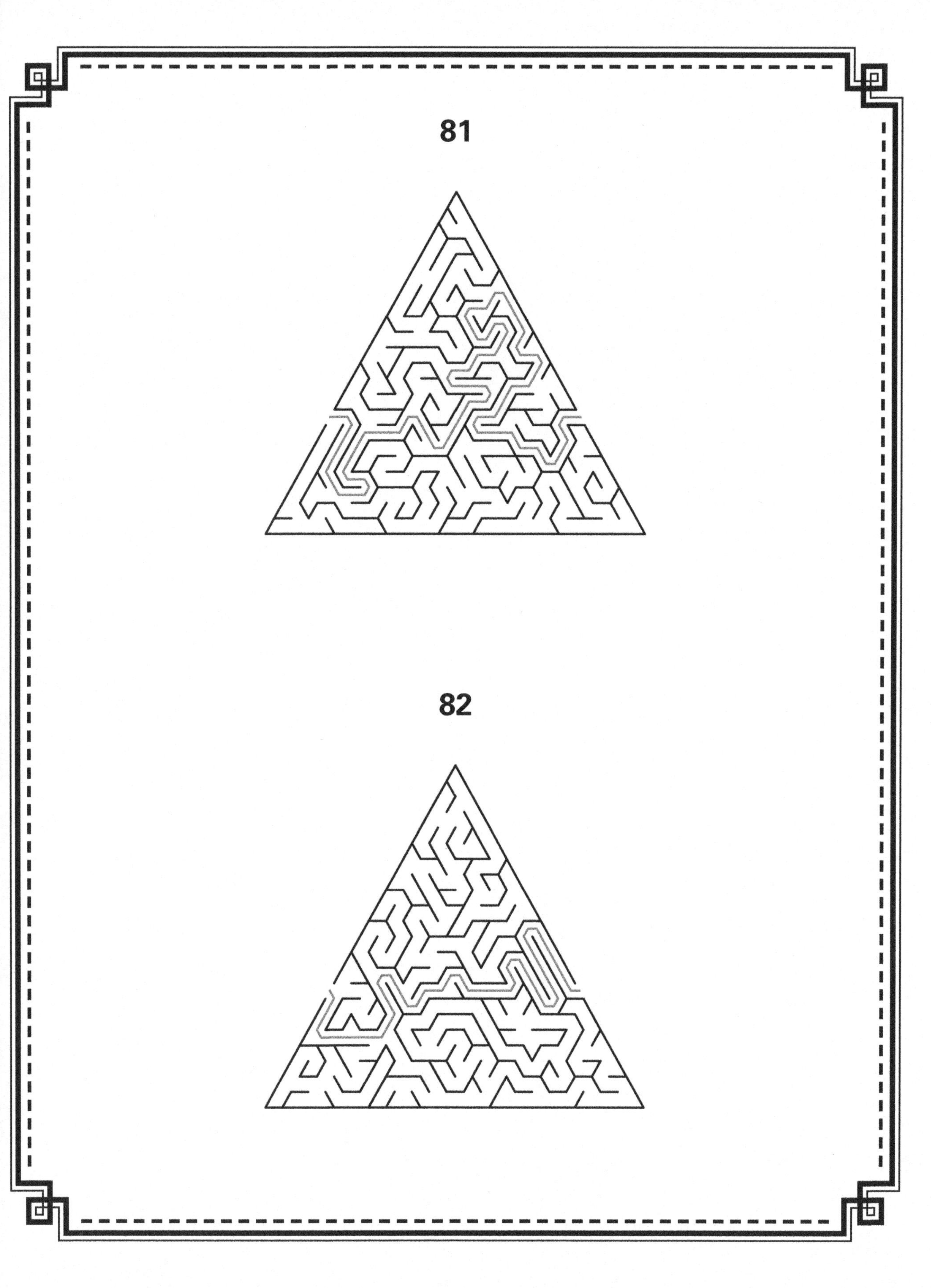

82

Made in the USA
Monee, IL
07 July 2026

56545407R00059